AF232043

1890

DÉDICACE A
Madame la DUCHESSE D'UZÈS

LE PROSCRIT
DE JERSEY

ÉTAT ACTUEL DE LA FRANCE
Impression de cet état en Europe
PAR

ANDRÉ MACUÉ

Prix 0, 50

En vente chez Mr CHARLES, éditeur
RUE DU CROISSANT
PARIS

(Cet ouvrage est suivi de la Biographie de)
(Madame la Duchesse d'Uzès)

NEUILLY-SUR-SEINE
Imprimerie E. Marceau
160, Avenue de Neuilly et rue de l'Hôtel-de-Ville, 21

1890

DÉDICACE A
Madame la DUCHESSE D'UZÈS

LE PROSCRIT
DE JERSEY

ÉTAT ACTUEL DE LA FRANCE
Impression de cet état en Europe

PAR

ANDRÉ MAGUÉ

Prix 0, 50

En vente chez Mr CHARLES, éditeur

RUE DU CROISSANT

PARIS

(Cet ouvrage est suivi de la Biographie de)
(Madame la Duchesse d'Uzès)

NEUILLY-SUR-SEINE
Imprimerie E. Marceau
160, Avenue de Neuilly et rue de l'Hôtel-de-Ville, 21

A Madame

La Duchesse de CRUSSOL d'UZÈS

NÉE, DE MORTÉMART-ROCHECHOUART

>—▶—✳—◀—

Madame

Permettez-moi de vous présenter la dédicace de cet ouvrage.

Les idées qui y sont exprimées n'ont qu'un bu', amener le triomphe définitif du principe régénérateur et patriotique dont le général Boulanger est la plus pure incarnation.

Votre intelligence élevée, madame, votre caractère d'élite, la grandeur de votre âme, la considération que vous daignez me témoigner, sont autant de raisons qui me font croire que vous serez ma bienveillante approbatrice.

J'ai développé ma pensée avec impartialité, me faisan^t l'écho des aspirations de ma génération réfléchie, de cette jeunesse française, qui, plaçant l'intérêt du drapeau tricolore au-dessus de l'intérêt mesquin du drapeau des partis. se rend à l'évidence, et convient qu'à notre époque, la France ne peut être gouvernée que par la République. Héritière d'un grand nom qui a toujours servi la cause des rois, beaucoup de personnes ne comprendront pas que vous puissiez patronner mon ouvrage, ces personnes se

trompeont, et ignoreront probablement qu'avant de
de vous donner à la cause royale, vous tenez à vous donner à la cause sublime de la patrie.

Ce que vous faites d'ailleurs, madame, nous le recon-
naissons, avec la majestueuse attitude qui, sied à votre
haute personnalité.

Nous apercevons dans votre famille respectée des opinions différentes de la votre, ces opinions aux yeux
du peuple qui vous admire, ne sauraient engager votre res-
ponsabilité personnelle.

Avec le comte de Chambord, il y a quelques années, a
disparu la race de prétendants pour laquelle vos ancêtres
combattirent, aujourd'hui placée entre les héritiers des
Napoléon et des d'Orléans vous préférez la France ; cette
conviction est digne d'une nature supérieure, et nous
nous inclinons respectueusement devant les magnifiques
mobiles qui vous font agir.

Avant l'aurore de 1891, espérons le, nos idées et l'hom
me vénéré qui les représentent triompheront, sans que le
sang français ait été répandu.

Je suis Madame, avec un profond respect et un vif
enthousiasme votre très humble et très zélé admirateur.

André **MAGUÉ**

Paris, 30 Mars 1890

LE PROSCRIT DE JERSEY
Etat actuel de la France

IMPRESSION DE CET ÉTAT EN EUROPE

PAR ANDRÉ MAGUÉ

Dans une île pitoresque de la Manche habite à cette heure le seul homme qui depuis Napoléon 1er, mais avec une conception politique différente et dégagée de la pratique brutale que notre époque ne supporterait plus, ait réussi à créer la légende du patriotisme si utile au tempérammant de notre race généreuse.

Malheureusement l'idée profonde et puissante du général Boulanger ne devait pas être comprise des milieux gouvernementaux qui dirigent la France, idée qui heurte leurs intérêts, et en apôtre fin de siècle, le chef du parti national devait être sacrifié momentanément aux haines d'ennemis implacables qui n'ont même pas su respecter dans l'assouvissement de leur vengeance, la glorieux soldat blessé, trois fois sur le champ de bataille, comme officier et officier supérieur.

Mais en écrivant cette déduction il ne faudrait pas penser que nous désespérons de l'avenir. Au contraire! L'avenir je crois, nous réserve ses faveurs et sa bienveillance, et nous allons examiner dans cet ouvrage les causes qui ont retardé notre triomphe et les causes qui le rendront certain.

Le retard subit par le parti boulangiste aux élections législa
tives dernières, ne provient pas seulement de la persécution
dirigée contre lui par le régime parlementaire, à la veille de sa
déchéance définitive.

Dans le propre entourage du Général Boulanger, des hommes
néfastes ont aussi fait du mal au patriote dont la franchise et le
cœur trop ouvert l'ont défendu contre la sévérité et la réserve
que commandent toujours les nécessités d'une haute position politique semblable à celle qu'il occupait.

Nous traiterons précisément l'état de tous les partis avec impartialité, et si personnellement je reste le dévoué serviteur du
Général proscrit, je tiens, n'appartenant à aucune coterie, par
devoir, par conscience, je tiens á dire les torts à tous les coupables,
quelques uns s'abriteraient-ils encore sous le drapeau respecté
de celui qui incarnera jusqu'au jour de la victoire, espérons le,
les aspirations ardentes de ma génération.

Ma génération ! Cette expression fera rire les politiciens arrivés que je *surnomme les indispensables* parce qu'ils se considèrent
comme tels, ma génération instruite et pensante se moquera á
son tour de leurs critiques et piétinant dessus, continuera impas-
sible la réalisation de son désidérata.

La jeunesse présente, qui part de la majorité, 21 ans jusqu'a
vingt-cinq trente ans le plus, existe à une époque de transition
sociale, entre un passé qui s'éffondre et un avenir qui point
à l'horizon de l'humanité perfectible.

Cette jeunesse instruite et entreprenante connait à fond par
l'étude, la révolution française qui a ébauché d'une manière
sublime une œuvre encyclopédique dont il appartient à nous
seuls d'accomplir l'achèvement avec des complications utiles

à notre temps, a ses exigences, ses misères et ses catastrophes.

Pour atteindre ce but la jeune génération ne doit compter que sur la solidarité de ses membres, et à mesure que les hommes arrivés la repoussent, redoubler d'efforts et s'imposer avec intelligence aux événements qui ont de l'écho dans l'opinion publique.

Volumes, brochures, pancartes, conférences, création de sociétés sérieusement organisées et alimentées par nos bourses particulières voila les moyens par lesquels nous combattrons nos adversaires.

De cette manière nous arriverons fatalement servis par les circonstances, encouragés par notre âge et notre ardeur, notre réflexion neuve et vive nous arriverons à acquérir des résultats indestructibles directement et avec une promptitude presque virtigineuse.

Notre force, sera surtout, dans notre persévérance et l'élévation de nos sentiments, force gigantesque qui nous permettra d'être hors d'atteinte des miasmes corrompus des vieilles théories des partis opportuniste, radical, possibiliste, conservateur, révisionniste, cupide, qui constituent la grande famille des politiciens arrivés, lesquels représentent le monde de 1790 à 1890 avec ses mœurs et ses procédés qui sont l'antithèse vivante de nos aspirations et de nos besoins.

Le général Boulanger a été et demeure pour nous, l'homme dont la popularité sonore, profondément enracinée dans le souvenir des masses, le politique à l'esprit novateur, le soldat loyal l'homme de volonté, le chef en un mot qui pouvait être la plus solide épée de notre entreprise.

Nous avons essayé de le prendre, nous en avons été empêchés par des interessés. La rebuffade subie ne nous décourage pas et nous ne nous faisons aucun scrupule de déclarer aujourd'hui,

que nous voulons accaparer le chef du parti national parce que
nous sommes sincères et que nous aimons cette noble victime
des jaloux et des flatteurs pernicieux.

Cela dit arrivons à la situation actuelle des partis en France,
et à la condamnation du système bâtard sorti il y a un siècle de
la *grande révolution*.

Cinq partis restent en présence.

Le parti orléaniste qui désire la restauration royale du com'e
de Paris, le parti bonapartiste qui désire la restauration des
Napoléon, le parti républicain parlementaire qui s'étend depuis
M. Ribot jusqu'à M. Camille Pelletan, le parti révisionniste cupide
et le parti révolutionnaire.

Nous, le parti de l'avenir nous nous mettons en dehors de la
Bérézina politique avec le général Boulanger comme porte
drapeau.

Quand nous parlons de révisioniste cupide nous faisons allu-
sion à la partie gangrenée du boulangisme, à ces hommes de
convoitise qui n'ont vu dans le général Boulanger qu'un privi-
légié du sort capable d'arriver président de la République et
pouvant leur ouvrir sans soupçon la porte des grasses sinécures.

Ces êtres méprisables ne regardaient chez le général que la
facilité avec laquelle ils croyaient l'attraper sans songer à la
noble mission que l'Europe libérale attend que le proscrit de
Jersey accomplisse.

Nous; parti de l'avenir, je le répète, qui voulons aider sérieusement Boulanger dans sa tâche, et soumettre à sa vaste intelligence, un nouveau plan politique et social, nous nous appelle-
rons le parti rénovateur nous travaillerons avec les hommes de
valeur du parti national, ceux qui ont la conviction, la bonne
volonté, la fermeté de caractère, le pensée large, cette vigueur

morale enfin qui suppléera chez quelques uns à la jeunesse qu'ils n'ont plus.

Notre parti constitue donc une exception et nous examinerons ses chances de vitalité, après avoir examiné celles des autres, que nous allons passer en revue avec toute la politesse que nous sommes capables de posséder.

Le parti orléaniste qui a le comte de Paris comme chef est de toutes les branches conservatrices, celle qui est la plus solide.

Elle a de puissantes ramifications dans l'ancienne noblesse, dans la haute bourgeoisie, dans la petite bourgeoisie même et dans la population rurale mais surtout ce que le parti orléaniste possède c'est le nerf de la guerre, l'argent.

La réclame faite, il y a un mois, par le jeune duc d'Orléans, fils du prétendant, a montré que la foule restait hostile à toute tentative de restauration royale, et le fils de France comme l'appelle Arthur Meyer a terminé sa téméraire escapade dans la prison de Clairvaux. Le parti compte dans ses rangs des hommes de valeur, mais leurs idées étant surannées, elles tendent à disparaître de plus en plus.

Le parti bonapartiste, lui, est coupé en deux depuis la mort tragique du prince impérial.

Il y a les victoriens qui désirent la restauration impériale d'après la tradition, et les Jérômiste qui se contenteraient d'une dictature avec le consulat à vie.

Le parti bonapartiste est moins puissant que le parti orléaniste; il a peu d'attaches dans la noblesse et la haute bourgeoisie. Il ne compte guère ses forces que dans l'armée et dans les campagnes mais après Sedan et nos douloureux désastres le réavénement des Napoléon ne sauraient se concevoir malgré les gloires immortelles du héros d'Austerlitz et de Marengo.

Voilà pour le parti conservateur dont les prétendants, à part le prince Jérôme; s'appuyent snr la religion catholique et demanderaient en cas de réussite au souverain Pontife sa solennelle consécration.

Mais cette réussite du parti conservateur doit être regardée en 1890, par tout homme politique sérieux comme une utopie. Les hommes de valeur de la réaction n'y croyent pas eux-mêmes, et en admettant que l'alliance conservatrice bien unie crée une crise profonde au régime actuel; quand il faudrait établir une monarchie quelconque, les Orléanistes se sépareraient avec rage des Napoléoniens et livreraient ainsi à néant le lendemain leur victoire de la veille. C'est ce que faisait remarquer récemment avec beaucoup d'àpropos, notre honorable confrère M. Jules Delafosse dans son article du journal le *Matin*.

A la vue d'un pareil état des partis monarchiques, le principe de la République ne peut donc plus désormais être mis en danger et nous avons la *République de nom* avec les lois réactionnaires, le despotisme et la crise budgétaire des monarchies. Le parti déchu républicain parlementaire représente cette république ploutocratique qui nous régit.

C'est lui qui occupe actuellement le pouvoir. Il se divise en centre gauche opportuniste, radical et possibiliste, et constitue l'obstacle à toutes les réformes politiques et sociales, obstacle qui est la dernière digue du vieux monde, dont l'océan rénovateur emportera bientôt dans ses vagues puissantes les vestiges exécrés.

Le parti révolutionnaire ne repose que sur la notoriété de quelques sectaires et de quelques meneurs. Produire une destruction universelle pour ne rien reconstruire est une idée irréalisable Ce qui explique pourquoi la fraction intelligente du parti révolutionnaire a adhéré ces temps derniers au boulangisme.

quand le général Boulanger passionné pour les grandeurs de la
France, passion agrandie par son passage au ministère de la
guerre situation qui lui avait permis d'étudier l'état de notre armée, quand le général Boulanger dis-je se désigna à la France
comme un rénovateur décidé et actif, il se vit assitôt soutenu
par les nombreux français qui voulaient non des palliatifs, mais
la transformation complète de notre organisation politique et
sociale.

Les parlementaire ont senti le danger, si ne résistant pas à une
telle entreprise qui engloutirait leurs préjugés et leur vieux
système gouvernemental, ils laiaisent s'étendre le boulangisme, et ils ont commis l'une des iniquités les plus saisissantes
de l'histoire en condamnant à la déportation à perpétuité le
soldat républicain, l'homme juste et bon qui n'a toujours eu
pour ses adversaires qu'un seul mot, la clémence.

Puis les parlementaires ont voulu rendre leur infamie envers le
général Boulanger plus atroce en condamnant avec lui l'écrivain
éminent le journaliste politique à réputation universselle, le
populaire Rochefort auquel nous devons les quelques libertés
que nous possédons, et par dessus tout la fondation de la troi-
sième République. Oui des homme se disant républicains ont
proscrit l'immortel lanternier, le créateur de la *Marseillaise*,
l'auteur de cette Satyre géniale ; les français de la décadence,
le fondateur de l'*Intransigeant*.

Et non content d'avoir exilé cet homme de cœur en le sépa-
rant de sa famille qu'il adore, les parlementaires furieux de
ne pouvoir gagner le maître du journalisme contemporain à
leur cause, ont poussé l'inconvenance jusqu'à railler sottement
Rochefort qu'ils ne peuvent attaquer comme homme de let-
ctres mais qu'ils essayent d'attaquer sans résultats d'ailleurs
omme ho mme politique.

Que les détracteurs l'apprennent chaque bave de reptile grandit

Rochefort et fait revivre a nos souvenirs son rôle éclatant dans l'histoire de la fin de ce siècle.

Que dire en effet comme politique du directeur de l'intransigeant.

Si non qu'il réunit la perspicacité de Voltaire, l'esprit de Madame la comtesse de Rochefort (duchesse de Nivernais) sou arrière tante la logique infernale de machiavel, et le raisonnement profond parfois des meilleurs hommes d'état. Aucun politicien parlementaire de nos jours ne pourrait écrire la lettre célèbre que Rochefort écrivit en 1870 comme réponse à M. Flourens qui le pressait de donner sa démission de membre du gouvernement de la défense nationale, lettre que Vapereau dans son dictionnaire biographique dit être empreinte d'un remarquable sens politique.

L'éminent journaliste il faut lui rendre cette justice a toujours compris les événements avec finesse et si les potentats qui nous gouvernent écoutaient ses vérités ils ne commettraient peut-être pas ces maladresses qui les ridiculisent journellement et qui nuisent à la France.

Les condamnés de la Haute-Cour frappés, les parlementaires à la veille des élections législatives, ont déployé toutes leurs perfidies pour retarder un parti qui avait les atouts pour gagner la victoire.

Servi par notre grande et féerique exposition, œuvre de nos artistes et de nos industriels, le gouvernement de M. Carnot a laissé croire à la province en extase devant les merveilles du Champ de Mars qu'il en était l'instigateur.

La province atterrée, la province éblouie, la province crédule a cru ce qu'on lui disait et au moment du scrutin, encore sous l'impression de la tour Eiffel, du dôme central et de la galerie des machines, la province a voté pour les candidats de ministres qui produisaient de si belles choses.

Ajoutons à tout cela une pression officielle atteignant son diapason, la calomnie répandue à profusion dans les campagnes contre les révisionistes, et nous aurons l'explication de cette chambre qui n'est pas plus l'expression de la France républicaine que le coup de pinceau d'un barbouilleur n'est l'expression de l'âme d'un maître de la peinture.

Née le lendemain d'ivresse d'un peuple qui ne discernait pas encore bien la réalité, cette chambre a profité de sa victoire facile pour assurer son existence.

Comme reconnaissance à l'opinion publique, d'où elle était sortie, elle a craint l'exposition terminée, le réveil du peuple et pour l'empêcher momentanément du moins, elle a commi les plus monstrueuse des scélératesses politiques l'étranglement du suffrage universel. Ce dernier coup a été cruel pour le part[i] national, et nous devens le considérer comme le bouquet des infamies parlementaires.

Nous l'avons dit au début de cet ouvrage et nous le répétons malheureusement, les infamies de nos adversaires ne devaient pas être les seules causes de l'arrêt de notre triomphe.

Dans l'entourage du général Boulanger il y a eu des hommes néfastes.

L'un de ces derniers, la douleur nous empêche de le nommer, le lecteur le devinera par le silence que fait actuellement sur son nom les feuilles du parti boulangiste.

Cet ancien ami du Général est entré dans leboulangisme avec des opinion conservatrices arrêtées, décidé à les faire prévaloir, et en même temps a satisfaire les désirs de sa nature égoïste.

A-t-il réussi par condescendance pour le général Boulanger je ne veux tirer aucune conclusion je laisse ce soin à l'opinion

publique qui en pareille circonstance est toujours meilleur juge
que l'écrivain.

S'entourant de politicaillons plutôt valets de chambres que
politiques, l'ex-ami du chef du parti national a éliminé bien des
hommes de valeur qui n'avaient que le défaut d'être pauvres et
dépourvus de cette apparence de Capitaux ronflants, à laquelle les
nigauds de la foule se laissent toujours prendre.

Là en effet, *est un des torts du Boulangisme.* Il n'aurait pas
dû préférer aux hommes de talents, des hommes influents par leur
situation matérielle qui n'apportaient rien de ce qu'il fallait pour
gagner une cause, ni les capacités, ni le dévouement.

Je connais pour ma part à cette heure, bien des littérateurs en
vue, membres de l'ancienne chambre qui écrivent un chef-d'œuvre
dans leur intérieur artistique de la Butte-Montmartre, et qui
auraient mieux tenu leur place dans le groupe Boulangiste du
Palais-Bourbon, que certains commercants fort honorables qui
siègent à côté de Mr Laguerre.

Gagner des millions en vendant du calicot prouve des aptitudes
commerciales extraordinaires, mais cela ne prouve pas que le
commercant adroit puisse devenir un politique même estimable.

Dans la fondation des journaux par exemple, le parti Boulangiste ne l'a cédé en rien aux procédés des autres partis qui
mèneraient à la décadence du journalisme s'ils ne se trouvaient
pas des obstacles puissants pour les en empêcher.

Les organes défendant la politique du parti national quand ils
se lancent, prennent deux ou trois noms connus; puis une nuée
de rédacteurs qui ne savent même pas jeter une idée sur du
papier blanc.

Pour faire partie de la rédaction du journal, la chose est
facile. L'on ne demande plus au jeune solliciteur ce qu'il sait
faire. L'entrefilet politique, la chronique fantaisiste, la critique

théatrale, le fait divers, l'interview, on lui demande pour combien de milliers de francs son papa prendra d'actions au journal ?

Naturellement, plus le père prend d'actions, plus le fils à une place large a la rédactiou et l'on voit aussi des rejetons de marchands de châtaignes et des fabricants de savonnettes à l'héliotrope, taillés pour continuer ce commerce, faire partie du nouvel organe, pendant que des journalistes de race et de métier meurent defaim et traînent la misère.

Le mercantilisme s'introduisant de la sorte au milieu du monde qui écrit, case une nuée de parvenus qui ne parviennent qu'a faire tomber la feuille éphémère dans laquelle ils n'ont même pas pu écrire un feu de cheminée et un drame au vitriol.

Les hommes du parti Boulangiste éprouvés par ce fléau, fin de siècle, ont subi avec silence tant de douloureuses vexations, par amitié et soumission pour leur chef bien-aimé.

Mais aujourd'hi que le Général Boulanger s'est débarrassé de son entourage dangereux depuis qu'il s'est aperçu que cet entourage d'aventuriers, l'avait mené à l'insuccès qu'il l'a écrasé sous son superbe dédain, nous nous croyons autorisés à dire: Général vous avez bien fait, il vous reste encore à accomplir un nettoyage, à terminer la besogne commencée.

Regardez votre parti ? Vous y voyez des amis dévoués ! Mais vous y rencontrez aussi des suspects, soyez inflexible; Chatiez.

Et quand nous tenons ce langage, nous sommes sûrs de trouver l'appui des hommes vénérés, qui s'efforcent de faire pénétrer l'idée Boulangiste dans les masses populaires.

Nous sommes certains de trouver l'appui, de cette nature d'élite qui s'appelle Déroulède, exemple de patriotisme et de loyauté.

Nous sommes certains de trouver encore la solide approbation de Laisant, que ses instints généreux pousseront vers nos théories

Nous sommes sûrs de trouver enfin Naquet dont la haute intelligence comprendra la portée de nos idées. Terrail Mermeix dont le grand talent est le cœur d'or, nous en ferons notre défenseur. Maurice Barrès, Pierre Richard, Georges Laguerre, Lucien Millevoye, Émile Goussot, André Castellin, Vervoort. Cette pléiade de jeunes, appartenant presque tous à notre génération, et qui ont comme nous les mêmes haines, et les mêmes désirs.

Puis des hommes de dévouement comme, Le Hérissé, Boudeau, Francis Laur, Ernest Roche ce petit Girondin à l'énergie de fer et qui irait à la mort pour ses principes, avec le courage des députés, de son département sous la révolution Française.

Ces têtes de ligne du parti national, deviendront alors nos alliés de demain; et nous marcherons ensemble vers la rénovation politique et sociale qui n'est plus qu'une question d'années.

Cette rénovation s'impose. Voyons à ce sujet ou est la France actuellement au point de vue gouvernemental.

Hélas c'est triste à constater, elle se trouve dans un état d'anarchie saisissant; nous avons un président de la république très honorable nous l'avouons, très respectable nous le déclarons avec sincérité, bien élevé, de tenue correcte, mais qui manque d'énergie et qui a un tort grave la tolérance extrême.

Profitant de l'état moral de M. Carnot, des intrigants se prélassent sans scrupule aux différents ministères, ne songeant qu'à satisfaire leurs appétits personnels.

Pardessus tout cela, nous avons une chambre des députés horrible, par le dégout qu'elle inspire qui, plus occupée que sa devancière, de soigner son intérêt particulier siège huit jours, pour accomplir des idioties et des malheurs, se repose d'un mois sous prétexte de soigner ces rhumatismes cérébraux, je suppose.

De réformes il n'en est pas question. Depuis vingt ans la misère augmente et ce beau mot de République, exploité par nos gouvernants n'apporte même pas un palliatif à l'état souffreteux de la société actuelle, la misère est grande dans le peuple, et elle augmente tous les jours.

Les mots creux et les belles promesses, ne donnent pas à manger a ceux qui meurent de faim.

Il faut un remaniement complet des lois existantes pour donner au peuple satisfaction.

La prétention du patron sur l'ouvrier est plus arrogante que jamais.

L'agriculture périclite dans une crise que nos gouvernants accentuent avec une indifférence qui serait superbe si elle n'était pas mourante.

Les propriétaires qui ne vivent du produit de l'ouvrier, mais qui vivent des revenus des propriétés léguées par leurs pères, ou achetées par leurs économies; aperçoivent ces propriétés diminuer de valeur.

Le petit commerce se voit tous les jours absorbé par le grand.

L'indélicatesse s'accroît. L'on ne sait plus aujourd'hui où placer son argent tant les banques deviennent peu sûres.

L'immoralité couvre de sa lèpre répugnante, les quartiers les plus recommandables de nos cités. L'éducation donnée à nos enfants devient malsaine, le brigandage est tout puissant, les scélérats peuvent comme aux plus sombres jours de cartouche persécuter les honnêtes gens; ils restent impunis.

Il y a quelques semaines le sympathique chef de la sûreté M. Goron a été suspendu de huit jours, pour avoir accompli avec zèle son devoir, dans l'affaire Gouffé. Je cite cet exemple Parce que c'est un signe du temps, et il y en a bien d'autres.

Dans les sphères gouvernementales le népotisme, l'intrigue, et la spéculation règnent dans tout l'éclat de la puissance.

La légion d'honneur, cet ordre qui rappelle nos gloires, la légion d'honneur depuis Wilson, continue à être accordée à des inconnus et a des imméritants.

La croix d'Officier d'Académie devient aussi une dérision.

L'on soufflète les lettres en accordant cet insigne à des vendeurs de tripes à la mode de Caen, et des fabricants de pistache.

La croix d'Officier de l'instruction publique qui se décernait autrefois aux auteurs d'ouvrages judicieux, ou aux membres de l'enseignement dévoués à leur carrière, la croix d'Officier de l'instruction publique est prodiguée de nos jours aux agriculteurs qui écrivent le meilleur traité sur l'art de faire pousser les carottes et l'art non moins merveilleux de faire fleurir les soucis.

Les situations recherchées d'ambassadeurs et de chargés d'affaires se donnent aux flatteurs lourds qui savent par la plus grossière malice, couper l'herbe et l'herbette, sous les pieds de rivaux qui leurs sont supérieurs.

Nous vivons dans un chaos social d'où sortent naturellement les catastrophes, les cruelles misères qui font décroître notre race et diminuent le nombre des défenseurs de la patrie.

L'Europe, elle nous regarde avec terreur. Elle juge le peuple Français d'après le caractère de ceux qui le gouvernent, et nos ennemis se figurent que si les armées Françaises triomphaient dans une guerre prochaine, ce serait le vice et l'immoralité qui triompheraient avec elle.

Nous ne pouvons pas, patriotes, laisser les puissances hostiles à la France sous une aussi déplorable impression.

Nous devons faire tendre nos efforts à effacer, dans le souvenir des nationalités Européennes, des traces aussi funestes.

Ou la France sera régénérée, ou elle périra, il n'y a pas à sortir de ce dilemne.

Nous affirmons, nous, qui avons l'ardent amour de la patrie, que la France sera régénérée et tiendra avant peu, par l'élévation du caractère de ses nouveaux gouvernants, le rang suprême que les gloires, le génie et le courage du peuple Français lui assignent à la tête du monde civilisé.

Pour atteindre cet apogée, la démocratie ne doit compter dorénavant que sur la jeunesse pensante, qui n'ayant commis aucune faute arrivée à la vie politique avec des idées nouvelles, une résolution inébranlable, pourra appliquer la patriotique pensée de Béranger, au sujet de notre cher drapeau image vivante de la patrie.

> *Quand secourai-je la poussière,*
> *Qui ternit ces nobles couleurs.*

Oui, à nous seuls, nouveaux-nés à la vie politique de régénérer la nation française.

Animés de ce sentiment noble, préoccupés de la France et de son avenir, ne cherchant à soutenir un jour le pouvoir que parce que nous y trouverons les éléments indispensables pour constituer la grandeur de notre pays, nous marcherons avec persévérance sans défaillance, et sans hésitation.

Vous me répondrez, les indispensables défendront leur vieux monde avec frénésie, que cette perspective encourage notre entreprise.

Debout jeunes gens ! qui pensez et étudiez. Debout !

Et puisque vous avez la justifiable ambition de jouer un rôle dans votre patrie, frappez sans distinction de partis, tous les hommes arrivés qui se refusent à acclamer les idées nouvelles, que l'opinion publique par vous excitée, ensevelisse dans son mépris tous les débris vermoulus qui représentent un état politique et social, que le vingtème siècle ne doit pas même apercevoir.

Ah! Messieurs les indispensables, vous nous craignez comme il y a un siècle, les indispensables de l'ancien régime craignaient la jeunesse imbue de principes rénovateurs, vous nous trouvez gênants, parce-que nos aspirations choquent vos intérêts grotesques. Allez vous nous céderez la place, quand même par la force des évènements, et en attendant ce jour, nous frappons sur nos calvities luisantes, un coup de plume bien acéré.

Ce travail accompli, nous tournons nos regards vers les brumes de la Manche, nous plaçons sur l'aile du zéphyr qui vient de France, les souhaits les plus ardents que le souffle déposera un matin de printemps au seuil du proscrit cher à notre cœur français.

Et en attendant le jour prochain où nous reverrons parmi nous sa figure mâle et belle, nous lui envoyons cette citation latine qui résume, la plus chère de nos espérances; respublica Gallia Ave Boulanger Dux; république française, salut Boulanger chef.

André **MAGUÉ.**

LA DUCHESSE D'UZÈS

Ce n'est pas sans éprouver une émotion justifiable, que j'entreprends d'écrire la biographie de cette grande dame que les chroniqueurs des journaux les plus opposés, ont déjà louée comme elle le mérite, comme tout écrivain ne se lassera jamais de le faire.

Le témoignage des hautes qualités qui font de Madame la Duchesse d'Uzès une personnalité marquante à la fin de ce siècle a été bien des fois exprimé, mais il est bon de répéter encore à une partie du peuple qui ne lit pas les organes mondains, les bienfaits que sème sur sa route une existence d'élite, devant avoir pour le bonheur de la France son épanouissement à la minute psychologique ou semble se jouer les destinées de l'Europe contemporaine

Anne-Victorine de Mortémart Rochechouart de Crussol d'Uzès est née à Paris, caressée dès le berceau, par les déesses de la splendeur et de la richesse.

L'éducation que reçut la jeune fille, répondit prématurément aux facultés merveilleuses de son esprit.

Littérature, histoire, langues étrangères, musique, peinture, sculpture, sciences philosophiques: rien ne fut ignoré par cette intelligence de premier ordre qui n'a pu encore nous donner la mesure de sa toute puissance.

Les quinze premières années de Mademoiselle de Rochechouart Mortémart se passèrent dans l'étude et la méditation.

Unie jeune, au duc d'Uzès, l'épouse apporta à son mari une tendresse qui ne peut se rencontrer que chez les êtres supérieurs qui joignent au talent, l'élévation du caractère.

Mais le destin cruel effleure parfois de son aile funèbre les têtes les plus augustes.

Le duc d'Uzès homme fort distingué, membre de la chambre des députés, mourut en 1878, après quelques années de mariage.

Cette mort fut pour la Duchesse une de ces douleur terribles dont les traces ineffaçables assombrissent les plus beaux jours d'une existence. Devenue inconsolable, elle chercha néanmoins une consolation, et elle la trouva dans ses devoirs de mère qu'elle a su accomplir avec une sollicitude qu'aucune expression de notre langue française ne peut rendre dans sa sublime réalité.

Madame la Duchesse d'Uzès, se livra en même temps aux arts avec passion.

C'est à partir de ce moment qu'il nous est permis de la suivre artiste, et de faire ressortir les œuvres magnifiques que tous les subtils appréciateurs ont déjà admirées sous la signature de manuella.

Comme sculpture c'est une série de bustes délicieusement travaillés, que Madame la duchesse d'Uzès exposa aux différents salons.

Nous n'avons pas à les énumérer, les connaisseurs les ont autant que nous gravés dans le souvenir, disons simplement que l'artiste sut rendre avec une exactitude incroyable le jeu des visages qu'elle a reproduits.

Au salon de 1885, Madame la Duchesse d'Uzès exposa sa *Diane*. La chasseresse fut une des attractions du palais de l'industrie et des flots de visiteurs s'arrêtèrent chaque jour devant ce nouveau chef-d'œuvre.

Aujourd'hui il nous est permis de contempler à l'Église du Sacré-Cœur sur la Butte-Montmartre, le St. Hubert; patron des chasseurs, autre production de Madame la Duchesse d'Uzès.

Au musée patriotique de Jeanne d'Arc pendant l'Exposition Universelle de 1889, Avenue de la Bourdonnais, des milliers de curieux se sont extasiés devant la statue de la vierge de Vaucouleurs.

Cette œuvre patriotique, est encore due au ciseau de Madame la Duchesse d'Uzès qui a donné là une nouvelle marque de son patriotisme en consacrant à la bergère héroïne l'un des plus touchants sujets que cerveau d'artiste puisse concevoir.

A d'autres branches de l'art manuel la consacre aussi ses loisirs.

Elle réussit de très jolis pastels par exemple, et touche l'orgue et le piano avec une expression que les virtuoses reconnaissent et applaudissent.

Voilà pour l'artiste, examinons maintenant la femme politique.

Patriote ardente, ne voyant avant tout que l'intérêt de la France, s'inclinant respectueusement devant la volonté du suffrage universel; Madame la Duchesse devait venir à la république nationale avec le général Boulanger.

Admiratrice de l'illustre proscrit, elle le soutint dans son monde, défendit avec éloquence sa cause qui est celle de la Patrie républicaine, et amena au parti national des influences de l'opposition conservatrice.

Ce concours précieux prêté à la république par Madame la Duchesse d'Uzès nous permet républicains sincères de lui témoigner une reconnaissance éternelle, et nous lui adressons encore une fois toute notre gratitude.

Très populaire à Paris, faisant beaucoup de charité la grande dame nous amena aussi cette fraction du peuple qui reste son obligée.

A ces résultats acquis né s'est pas tenue madame la Duchesse d'Uzès.

Tous les jours nous la voyons travailler, avec prudence, énergie et habileté à l'œuvre de réconcil'ation nationale dans la République commencée par le Général Boulanger.

Madame la Duchesse d'Uz's, a du sang froid, de la volonté et une grande profondeur dans les idées, qualités essentielles pour jouer un rôle prépondérant en politique.

Enfin cette charmante mondaine est presque une complexité tant son intelligence supér:eure posséde de facil:tés dans toutes les branches des connaissances humaines, et le jour où les événements la serviront nous pouvons affirmer quelle y jouera un rôle d'éclat.

Madame la Duchesse d'Uzès examinée dans la vie intellectuelle, étudions la dans sa vie intime.

Faire le bien est une de ses premières préoccupations tant que le sommeil n'a pas condamné au repos son être s'ubtil.

Le jour, la nuit, par n'importe quel temps, sous n'importe quel ciel quand il y a une infortune à soulager Madame la Duchesse d'Uzès se trouve à son poste de sœur de charité laïque.

Ah! elle ne fait pas le bien par ostentation, cette grande Dame elle ne donne pas sur ses millions, des milliers de francs pour le plaisir de montrer ses intincts généreux, elle veille elle-même au chevet des malades dans les salles lugubres d'hépital ayant pour le malheureux qui râle une parole de douce consolation secourant indistinctement avec une bonté égale le libre-penseur, le protestant, le juif et le catholique.

Hors de Paris à son château ducal d'Uzès dans le Gard, à son château grandiose de Bonnelles (Seine-et-Oise), partout elle secoure les malheureux, ne restant implacable que pour la malhonnêteté et le vice qui cherchent à se faire secourir sous le manteau de l'infortune.

Ses devoirs philanthropiques accomplis elle retourne à son monde.

Madame la duchesse d'Uzès comme mondaine est une perfection de grâce et de suprême distinction.

Brillante causeuse, gentille, capable par sa gentillesse de créer des dévouements indestructibles; Victorine de Crussol entre Madame la Duchesse de Luynes et Mathilde de Crussol ses deux filles, paraît une sœur ainée. Combien de fois ai-je admiré la douceur de son beau regard, et la finesse de son sourire effleurant sa petite bouche, charmante, d'ironie et de dédain.

Aimable, se mettant à la portée de tous, bienveillante, Madame la Duchesse d'Uzès est une libérale dévouée dans ce que l'amitié a de plus pur, le dévouement, mais flagellant sans pitié l'inconduite et les existences déréglées.

L'an dernier des misérables qui émargent au fond secret, ont osé pour les besoins d'une cause lâche et ignoble, insinuer perfidement des attaques calomnieuses contre la grande Dame que tout le monde vénère, en laissant croire que son affection pour le Général revêtissait un caractère frivole. A ces infectes accusations, il n'y a rien à répondre. De si dégoutaes ntinjures retournent naturellement aux rats d'égoût qui s'en délectent.

Madame la duchesse d'Uzès n'est pas de celles qui ont besoin d'être défendues, et nous lui adressons ici toutes nos félicitations pour le puissant mépris avec lequel elle a écrasé ses insulteurs et empêché ses nombreux admirateurs de faire justice, tant nôtre indignation était grande

Une vie de dévouement et de correction rend une personne invulnérable aux méchancetés humaines. C'est là le cas.

Que Madame la duchesse d'Uzès reçoive donc en terminant l'expression de notre profond respect, respect que le peuple lui témoigne chaque jour d'une manière grandissante, jusqu'au jour où elle gravira les faites du pouvoir pour lequel la nature semble l'avoir fait naître.

André MAGUÉ